***ACCESO GRATIS** a la Lectura en la Nube*

Para visualizar el libro electrónico en la nube de lectura envíe junto a su nombre y apellidos una fotografía del código de barras situado en la contraportada del libro y otra del ticket de compra a la dirección:

ebooktirant@tirant.com

En un máximo de 72 horas laborales le enviaremos el código de acceso con sus instrucciones.

DESIGNACIÓN DE REPRESENTANTE LEGAL PARA RESIDENTES EN EL EXTRANJERO

DESIGNACIÓN DE REPRESENTANTE LEGAL PARA RESIDENTES EN EL EXTRANJERO

Ricardo Mendoza
Arturo Hernández
Coordinadores

Miguel Ángel Márquez Román

tirant lo blanch
Ciudad de México, 2023

Ricardo Mendoza y Arturo Hernández
Coordinadores

© TIRANT LO BLANCH
DISTRIBUYE: TIRANT LO BLANCH MÉXICO
Av. Tamaulipas 150, Oficina 502
Hipódromo, Cuauhtémoc,
CP 06100, Ciudad de México
Telf: +52 1 55 65502317
infomex@tirant.com
www.tirant.com/mex/
www.tirant.es
ISBN: 978-84-1197-520-9
MAQUETA: Innovatext

Si tiene alguna queja o sugerencia, envíenos un mail a: *atencioncliente@tirant.com*. En caso de no ser atendida su sugerencia, por favor, lea en *www.tirant.net/index.php/empresa/politicas-de-empresa* nuestro Procedimiento de quejas.

Responsabilidad Social Corporativa: *http://www.tirant.net/Docs/RSCTirant.pdf*

Índice

PRÓLOGO

Las Comisiones Fiscal Internacional, y de Desarrollo Fiscal Internacional del Colegio de Contadores Públicos de México, A.C. (CCPM), está integrada por profesionales expertos en temas de tributación de operaciones internacionales, y su objetivo es el estudio y la divulgación de esta materia, cada vez más dinámica, mediante publicaciones, cursos y seminarios.

Hace más de veinticinco años que México celebró sus primeros tratados de libre comercio y convenios para evitar la doble imposición, así como la incorporación a la Organización para la Cooperación y Desarrollo Económicos (OCDE); de tal modo que, desde entonces, nuestro mundo es muy distinto y no solo me refiero a temas fiscales. El comercio internacional, y las inversiones trasnacionales se han incrementado y modificado de manera sustancial; la economía digital, las comunicaciones y las redes sociales se han apoderado de todos nosotros; en consecuencia, estas maneras de interrelacionarnos en la actualidad tienen efectos en muchos ámbitos, como el tributario.

En un mundo dinámico, en el cual las inversiones trasnacionales y los cambios a las mismas pueden suceder con mucha frecuencia, obliga a los gobiernos a establecer medidas especiales para vigilar el debido cumplimiento de las disposiciones fiscales. Es decir, hay dos máximas legales y culturales que se encuentran en este trabajo, la consideración de que todos deben pagar sus impuestos, y no importa quien genere el impuesto, alguien lo tiene que pagar...

Esta es una magnifica obra que define con gran entusiasmo respecto a los representantes legales en operaciones internacionales, un tema qué si bien ya se conocía en nuestra legislación, se ha vuelto sumamente novedoso, con el cambio y la incorporación de unir dos temas fundamentales, la representación legal y la responsabilidad solidaria.

Esta última es un experimento, complicado en nuestro sistema legal, que efectúa varios efectos, como la transferencia de la obligación de pago de impuestos, la generación de obligados solidarios para el cobro de un impuesto, la subordinación de una obligación de pago de un impuesto, entre muchos otros conceptos, para que las autoridades fiscales tengan la capacidad de gestionar un cobro de un posible impuesto, en estructuras internacionales que no residen en México, y por lo cual sería altamente complejo lograrlo.

Esta obra es tan profunda en su análisis, que no solo es para lectores y usuarios como asesores externos dedicados al tema fiscal, o a las empresas trasnacionales que se enfrentan a dichos ordenamientos, sino tambien a las autoridades fiscales, considerando que en el diseño de la legislación y el soporte a la misma, existe y pueden generarse diversas contradicciones que pueden entorpecer el objetivo planteado.

Para todos los especialistas que buscan o son buscados para asistir en dichas operaciones donde se requiere un cumplimiento y nombramiento de un representante legal, este trabajo sienta las bases claras y las consideraciones a explorarse en dichas operaciones.

Es de agradecerse que en un tema tan novedoso, el CCPM, y sus comisiones y miembros, den un claro paso hacia adelante, logrando educar y capacitar, para seguir como mexicanos nuestra obligación de cumplimiento, y emitir recomendaciones para dicho cumplimiento.

Agradezco al Autor, y a los coordinadores por tan extraordinaria obra, en beneficio de la sociedad.

CPC Juan Ignacio Rivero Celorio

Vicepresidente de Capacitación y Desarrollo
Expresidente de la Comisión de Fiscal Internacional

GLOSARIO

CFF	Código Fiscal de la Federación
EP	Establecimiento Permanente
LISR	Ley del Impuesto sobre la Renta
RMF	Resolución Miscelánea Fiscal
RLISR	Reglamento de la Ley del Impuesto sobre la Renta
SAT	Servicio de Administración Tributaria
SCJN	Suprema Corte de Justicia de la Nación
TEDI	Referencia a los Tratados o Convenios vigentes para Evitar la Doble Imposición en materia fiscal que México tiene celebrados con otros países

PALABRAS DE LOS COORDINADORES DE LA COLECCIÓN

Esta obra resulta sumamente útil para todos aquellos abogados, contadores o especialistas en materia tributaria que asesoran a sus clientes, ya sea esporádicamente o con frecuencia, en operaciones transfronterizas que implican la generación de riqueza a residentes en el extranjero, sin establecimiento permanente, con fuente de riqueza en México. Al ser una obra que forma parte de la Colección *Práctica Fiscal*, se acentúan las cuestiones prácticas que podrían ser relevantes para dicho grupo de personas.

El análisis realizado por Miguel Ángel Márquez Román es preciso y certero, sin dejar de ser razonablemente crítico, lo cual permitirá al lector identificar las posibles complicaciones conceptuales y prácticas de esta *nueva* obligación, que resultará sumamente problemática para propios y ajenos, nacionales y extranjeros.

Actualmente, las normas diseñadas y publicadas por la autoridad fiscal mexicana a través de disposiciones administrativas (como lo es la Resolución Miscelánea Fiscal, así como las propias fichas de trámite) han tomado una relevancia significativa, pues es cada vez más común que se le deleguen atribuciones para que dicha autoridad "regule" lo dispuesto en las leyes fiscales a diestra y siniestra. Muchas veces lo dispuesto en dichas reglas será atinado; muchas otras no. Es fundamental que los que tenemos la fortuna de dedicarnos a esta profesión no dejemos de señalar errores y aciertos para cada caso, como Miguel Ángel lo ha realizado en esta obra.

Agradecemos enormemente a Miguel Ángel el tiempo y esfuerzo que dedicó en construir esta obra en conjunto con los suscritos, el intercambio de ideas y su apertura para abordar este tema de forma coherente con los lineamientos de la Colección.

Ricardo Mendoza y Arturo Hernández

1. INTRODUCCIÓN

Hasta el año 2021, el hecho de que un residente en el extranjero realizara operaciones con fuente de riqueza en México al amparo de las disposiciones del Título V de la LISR como parte del mundo de los negocios internacionales —tal como en una enajenación de acciones, títulos valor, inmuebles, o en la prestación de servicios de construcción de obra, entre otras— no representaba un reto significativo para llevarlas a cabo. Lo anterior, al requerir única y exclusivamente seguir un procedimiento simple y específico para cumplir con las disposiciones fiscales previstas por la normativa Mexicana por cuanto hace a la designación de un representante legal en México para efectos fiscales y optar por un tratamiento opcional, consistente principalmente en tributar bajo una base neta (en el caso de tener gastos o costos asociados a la generación del ingreso recibido) y no aplicar un porcentaje directamente al ingreso bruto para calcular el impuesto sobre la renta correspondiente, o bien aplicar los beneficios de un tratado para evitar la doble tributación en ciertos casos.

En este sentido, hasta dicho año, el artículo 174 de la LISR sólo establecía que, como requisitos de los representantes que fueran designados por los extranjeros para llevar operaciones como las mencionadas en el párrafo anterior, era necesario que estos fueran personas físicas o morales residentes en México o residentes en el extranjero con establecimiento permanente en México, y que conservaran la documentación comprobatoria relacionada con el pago del impuesto (y su determinación) durante 5 años a partir de que se hubiere presentado la declaración. Algo que, como mencionaba anteriormente, no representaba un obstáculo significativo para designar a un representante en México y poder llevar a cabo las correspondientes transacciones aplicando un tratamiento que pudiera hacer más justa la carga tributaria.

Sin embargo, a partir del 1 de enero de 2022, con la entrada en vigor de los efectos de la Reforma Fiscal de dicho ejercicio y de diversas adiciones a la RMF para dicho ejercicio fiscal, principalmente a su Anexo 1-A "*Trámites Fiscales*", donde se listan las fichas que contienen requisitos para ciertos trámites, se adicionó la ficha de trámite 160/ISR "*Designación del representante de residente en el extranjero*" la cual introduce la obligación de presentar un aviso por parte de aquella persona designada como representante de un residente en el extranjero, y que contiene diversos requisitos y condiciones que, a mi parecer, pueden parecer excesivos, y que incluso, ante la falta de claridad de estos, podría poner en riesgo llevar a cabo las transacciones dado lo complicado que puede resultar cumplirlos en la práctica. Desde mi punto de vista, esto puede afectar seriamente el entorno de los negocios, donde inversionistas extranjeros pudieran decidir no realizar operaciones en México dada la complejidad de los requisitos fiscales.

Por lo anterior, el presente trabajo tiene fundamental importancia pues tiene como objetivo, analizar las implicaciones prácticas de la Reforma Fiscal 2022 y los requisitos que derivaron de ésta, respecto de la designación de un representante legal en México por parte de un residente en el extranjero, cómo se pueden cumplir, algunas reflexiones sobre las implicaciones de algunos requisitos, así como las interpretaciones que considero pueden existir para tratar de colmar ciertas lagunas o áreas grises, que de no hacerse, se podría llegar a la conclusión de que no es viable tomar un tratamiento que haga más eficiente la carga tributaria o incluso que no es posible aplicar un beneficio de un tratado para evitar la doble imposición, algo que jurídicamente resultaría debatible dada la jerarquía que en principio podría tener un tratado internacional respecto de las leyes emanadas por el Congreso de la Unión de acuerdo con precedentes al respecto[1] y más aún, respecto de reglas administrativas de carácter general emitidas por el Servicio de Administración Tributaria.

---

1 **TRATADOS INTERNACIONALES. SON PARTE INTEGRANTE DE LA LEY SUPREMA DE LA UNIÓN Y SE UBICAN JERÁRQUICAMENTE POR ENCIMA DE LAS LEYES GENERALES, FEDERALES Y LOCALES. INTERPRETACIÓN DEL ARTÍCULO 133 CONSTITUCIONAL.** Tesis Aislada P. IX/2007.-Materia Constitucional.-Novena Época.- Instancia: Pleno.-Fuente: Semanario Judicial de la Federación y su Gaceta, abril de 2007, Tomo XXV, página 6.

2. EXPOSICIÓN DE MOTIVOS Y LEGISLACIÓN APLICABLE

La representación de residentes en el extranjero, en el contexto del Título V de la LISR, no es algo novedoso. Este requisito existe desde hace varias décadas dentro este ordenamiento jurídico; sin embargo, el rol de los representantes como responsables solidarios es algo que ha cobrado relevancia especialmente desde 2022, y la razón es que el Fisco Federal, supuestamente, ha tenido dificultades en lograr exitosamente el cobro de contribuciones a residentes en el extranjero, específicamente respecto del impuesto sobre la renta, en operaciones realizadas por estos donde —de acuerdo con sus revisiones— (i) el impuesto no fue determinado correctamente o no se cumplieron con los demás requisitos para tributar bajo una base neta, o bien, (ii) no cumplían los requisitos para aplicar los beneficios de TEDI y, por lo tanto, se exige el cobro del impuesto omitido.

Para que el SAT pueda cobrar los créditos fiscales que determine, en principio tendría que efectuar el cobro al *verdadero contribuyente*, a saber, al residente en el extranjero que realizó el acto gravado y que, por consiguiente, es el titular de la obligación de pagar dicho impuesto. Sin embargo, esto puede resultar muy costoso en cuanto a recursos y tiempo se refiere para el

Fisco Federal, dado que no tiene presencia, jurisdicción o facultades de cobro en el extranjero, lo cual puede ser aprovechado por los contribuyentes para ganar tiempo o definitivamente evadir el pago.

Es aquí donde entra en juego el papel del representante en México del residente en el extranjero, pues al hacerlo responsable solidario (o tal vez *subsidiario* como puede llegar a suceder) las autoridades fiscales ya tienen una persona con quien acercarse para efectuar el cobro dentro de su propia jurisdicción, algo que sin duda le resulta más eficiente. De esto es lo que, en términos generales, trata la Reforma Fiscal de 2022 con efectos en la LISR, el CFF y en consecuencia la RMF, es decir: aclarar y fincar la responsabilidad solidaria que tendrá el representante legal en México con el residente en el extranjero, a efecto de que las autoridades fiscales puedan asegurar el cobro del impuesto en dado caso.

Esto ha quedado de manifiesto en la Exposición de Motivos presentada en la iniciativa propuesta ante la Cámara de Diputados del Congreso de la Unión en septiembre de 2021, la cual se reproduce a continuación:

> *28. Representación legal de residentes en el extranjero*
>
> *Teniendo en cuenta las características de los contribuyentes obligados al pago del impuesto sobre la renta conforme a las disposiciones que incluye el Título V de la Ley de la materia, los cuales pueden contar con una presencia muy limitada en territorio nacional o bien, no contar con alguna, se propone a esa Soberanía reformar el primer párrafo del artículo 174 de la Ley del Impuesto sobre la Renta, con el propósito de aclarar que el representante designado para efectos del Título V de la mencionada Ley debe asumir voluntariamente la responsabilidad solida-*

> *ria en el pago del impuesto causado por el residente en el extranjero, así como incluir el requisito de que el representante designado sea solvente, esto es, que cuente con bienes suficientes, a fin de asegurar el cumplimiento de la obligación tributaria sustantiva.*
>
> *Lo anterior, tiene como propósito que la figura de dicho representante legal no sea meramente instrumental, sino una herramienta para que el Fisco Federal pueda llevar a cabo con éxito el cobro de contribuciones a cargo de residentes en el extranjero, que en muchas ocasiones pueden llegar a eludir sus obligaciones fiscales en México, máxime tratándose de casos donde se trata de residentes en países con los que si bien hay tratado en vigor, no existe mecanismo de asistencia en la recaudación o cobro de contribuciones, porque no esté establecido en el tratado o porque estándolo, los países contrapartes se reservan el derecho de prestar esta asistencia.*

De dicha Exposición de Motivos destaca la mención que hace el órgano legislativo, en el sentido de que la figura de representante legal para efectos fiscales ha sido de manera histórica algo meramente "*instrumental*" y no ha coadyuvado al cobro de contribuciones, por lo que ahora con las modificaciones realizadas al artículo 174 de la LISR, se pretende que sea una herramienta para que el Fisco Federal pueda llevar a cabo con éxito el cobro de contribuciones a cargo de residentes en el extranjero.

Antes de continuar con lo dispuesto en la Exposición de Motivos, considero conveniente hacer una pausa y enfatizar que el CFF, y en general la legislación actual, no define en absoluto lo que se entiende por "representante" o "representante legal", y tampoco lo que se debe entender por "responsable solidario".

Por esta razón, me gustaría profundizar un poco sobre estos conceptos.

Por "representante legal" o "representación legal" considerando lo dispuesto por el artículo 19 del CFF en conjunción con el Diccionario Jurídico de la UNAM, se puede entender como *el fenómeno jurídico que implica la actuación a nombre de otro por ministerio de ley.*

Por su parte, el término "responsable solidario" o "responsabilidad solidaria" desafortunadamente tampoco se encuentra definido dentro de la legislación actual, sin embargo, de la lectura del Diccionario Jurídico de la UNAM y algunos precedentes de la Suprema Corte de Justicia de la Nación, la responsabilidad solidaria se presenta *cuando hay pluralidad de obligados en torno al cumplimiento de una obligación, en este caso fiscal, y como consecuencia de ello, el Fisco Federal puede exigir a cualquiera de los obligados el cumplimiento parcial o total de la obligación, como lo es el pago de una contribución* (v.gr., impuesto sobre la renta).

Con lo anterior, me gustaría enfatizar las implicaciones de la Reforma Fiscal para 2022, en donde una persona designada como representante legal, es decir, aquella que actúa en nombre de un residente en el extranjero (en este caso) y que comparte la responsabilidad de hacer frente ante la obligación fiscal que tenga el residente en el extranjero al ser responsable solidario, ahora es sobre quien realmente recaerá, en la práctica, la obligación de hacer frente ante cualquier acto de cobro por parte del Fisco Federal.

De ahí que la Exposición de Motivos argumentara que la figura de representante se había estado utilizado solamente como algo "instrumental" y que no le era realmente útil a las autoridades como herramienta para lograr el cobro de los créditos fiscales a cargo de contribuyentes residentes en el extranjero.

A mi consideración, lo anterior parecería más bien un intento de sustituir al deudor principal (*i.e.*, contribuyente residente en el extranjero) más allá de realmente imponer una responsabilidad compartida, dado que, como se verá más adelante en el presente trabajo, ni dentro del texto reformado de la LISR o el CFF, ni de las adiciones en la RMF, se establece disposición alguna que deje claro que la autoridad debe realizar esfuerzo alguno de cobro en contra del contribuyente verdadero, para posteriormente acercarse con el representante legal que funja como responsable solidario. Lo cual, en principio, sería la forma en la que debería operar cualquier supuesto de responsabilidad verdaderamente *solidaria*.

Continuando con lo argumentado en la Exposición de Motivos, se asevera que incluso habiendo tratados celebrados con jurisdicciones donde residen contribuyentes que comúnmente realizan operaciones con fuente de riqueza en México, no hay mecanismos establecidos para la asistencia en la recaudación o cobro de contribuciones dentro de dichos tratados, o que, incluso habiéndolos, los países contrapartes se reservan el derecho de prestar esta asistencia.

Aquí cabe recordar que México, a la fecha de redacción de la presente edición, cuenta con más de 60 tratados celebrados para evitar la doble imposición con diversos países, y que muchos cuentan con cláusula de intercambio de información y asistencia mutua en el cobro de contribuciones, así como acuerdos de intercambio de información en material fiscal.

Lo anterior, sin pasar por alto que México es signatario desde 2012 en la Convención sobre Asistencia Administrativa Mutua en Materia Fiscal y su Protocolo (cuyos cosignatarios son los Estados Miembros del Consejo de Europa y los países Miembros de la Organización para la Cooperación y el Desarrollo Económico "OCDE"), instrumentos que constituyen las herramientas con las que cuenta el Estado Mexicano para lograr el cobro de créditos fiscales en el extranjero.

Por ello, el hecho de expresar que los países contrapartes no apoyan a México en el tema de intercambio de información y asistencia en el cobro de contribuciones en una Exposición de Motivos resulta preocupante y serio, debiendo requerir una mucho mejor fundamentación en la que el Ejecutivo aumente su grado de transparencia y realmente demuestre la falta de eficacia en el uso de estos instrumentos.

De lo contrario, se encuentra arbitrariamente desconociendo esos tratados que se tratan de compromisos que hacen los Estados correspondientes bajo el principio *pacta sunt servanda*, desestimando y minimizando absolutamente su importancia y eficacia.

Sin embargo, para la mala fortuna de los contribuyentes, no hay que perder de vista que, si bien son compromisos, en la legislación actual no existe alguna limitante que obligue a agotar esos instrumentos para posteriormente hacer mano de lo dispuesto por las leyes federales, situación que, por lo visto, aprovecha el Fisco Federal.

Ahora bien, continuando con lo plasmado por el Ejecutivo en la Exposición de Motivos, se establece que, como parte de los nuevos requisitos para fungir como representante legal de un residente en el extranjero, aquél deberá ser solvente y contar con "*bienes suficientes*" a fin de asegurar el cumplimiento de la obligación tributaria sustantiva.

Es decir, no basta con asumir voluntariamente la responsabilidad solidaria con el contribuyente residente en el extranjero, sino que también se debe asegurar que el representado cuente "con bienes suficientes" a fin de asegurar que podrá afrontar un posible cobro por parte del Fisco Federal.

Esto abre la puerta a diversas interrogantes al respecto, dado que en primera instancia parece hablar acerca del impuesto que se determinó y se paga, lo cual resultaría absurdo porque ya se paga el impuesto, pero por otra parte da a pensar que puede existir otro escenario más gravoso donde las autoridades fiscales pudieran desconocer la aplicación de los requisitos para ejercer un tratamiento opcional o no estar de acuerdo con la determinación del impuesto, dejando la interrogante de hasta por qué monto se debe de contar con esos bienes suficientes. Esto resulta abiertamente ambiguo y podría considerarse violatorio del derecho humano de seguridad jurídica. Más adelante se abordará cómo afecta este requisito en la práctica.

Por último, como comentario adicional a lo anteriormente expuesto, en el texto vigente del artículo 174 de la LISR quedó consignado que la designación del representante legal, con las características explicadas en los párrafos anteriores, deberá ser conforme a las reglas de carácter general que al efecto expida el SAT.

Esta situación en donde una reforma a la Ley habilita el establecimiento de requisitos para el cumplimiento de una disposición dentro de reglas que establece a discreción un órgano desconcentrado como el SAT (*i.e.*, cláusulas habilitantes), es una tendencia que ha cobrado relevancia en los últimos años sobre todo en materia tributaria; no obstante, creo que puede vulnerar la certidumbre jurídica que existe alrededor de aquello que sea adicionado o modificado a través de dichas reglas de carácter general que son publicadas a través de la RMF de manera anual y con publicaciones intermedias que las pueden modificar, ya que esto significa que —de un momento a otro— pueden existir requisitos o condiciones adicionales que pueden dificultar el cumplimiento de aquello que se encuentra establecido en la Ley, algo que parece vulnerar el principio de legalidad consagrado en nuestra Constitución.

Lo anterior, a pesar de que la Corte haya resuelto en sentido contrario a través de cierta jurisprudencia publicada en 2006 resolviendo que la emisión de las reglas de carácter general, siempre y cuando no establezcan cargas adicionales para los contribuyentes, no transgrede el principio constitucional de legalidad.[2] Cabe

2 **CÓDIGO FISCAL DE LA FEDERACIÓN. SU ARTÍCULO 33, FRACCIÓN I, INCISO G), VIGENTE A PARTIR DE DOS MIL CUATRO, NO TRANSGREDE EL PRINCIPIO**

mencionar que el "*no establecer cargas adicionales a los contribuyentes*", tanto en el artículo 33, fracción I, inciso g) del CFF, como en el precedente citado, es referente a reglas que se refieran a sujeto, objeto, base, tasa o tarifa, por lo que de acuerdo con la Primera Sala del Alto Tribunal, si se adicionan requisitos para el cumplimiento de ciertas disposiciones sin afectar conceptos referidos a sujeto, base, tasa o tarifa, entonces "no se transgrede el principio constitucional de legalidad tributaria". A mi parecer, esta postura es limitada y no considera otros supuestos como lo son los requisitos analizados en el presente trabajo, algo sin duda desafortunado.

Es importante precisar que, no se puede olvidar que los extranjeros al estar obligados a tributar en México, también tienen derechos tributarios o bien, derechos constitucionales que son limitantes a la potestad tributaria del legislador tributario.[3] Es por ello, que ante una violación a sus derechos el representante en México puede ser una forma eficaz para impugnar algu-

---

DE LEGALIDAD TRIBUTARIA.. Jurisprudencia 2a./J. 31/2006.-Materia Constitucional, Administrativa.-Novena Época.- Instancia: Segunda Sala.-Fuente: Semanario Judicial de la Federación y su Gaceta, marzo de 2006, Tomo XXIII, página 234.

3 **EXTRANJEROS. GOZAN DE LOS DERECHOS PREVISTOS EN EL ARTÍCULO 31, FRACCIÓN IV, DE LA CONSTITUCIÓN FEDERAL, AL QUEDAR SUJETOS A LA POTESTAD TRIBUTARIA DEL ESTADO MEXICANO**. Tesis Aislada 2a. CVI/2007 Materias(s): Constitucional, Administrativa Novena Época Instancia: Segunda Sala Semanario Judicial de la Federación y su Gaceta. Tomo XXVI, Agosto de 2007, página 637.

na transgresión a la esfera jurídica del residente en el extranjero.

Así bien, lo anterior es una visión general sobre los cambios que implicó la Reforma Fiscal de 2022 en relación con la designación de representante legal en México por parte de un residente en el extranjero que realice operaciones contempladas por el Título V de la LISR; sin embargo, en el siguiente apartado se analizarán los aspectos y retos que se han identificado en la práctica para realizar la designación, así como comentarios acerca de criterios o interpretaciones para tratar de cumplir con los requisitos impuestos a través del multicitado artículo 174 de la LISR en conjunto con lo dispuesto por la ficha de trámite *160/ISR "Designación del representante de residente en el extranjero"*.

3. ¿POR QUÉ DESIGNAR A UN REPRESENTANTE LEGAL EN MÉXICO PARA EFECTOS FISCALES?

Retomando lo comentado anteriormente, dentro del Título V de la LISR, se encuentran diversos supuestos donde un residente en el extranjero que obtenga ingresos de fuente mexicana puedan ser sujetos al pago de ISR en México, siendo este uno de los tipos de sujetos gravados en México conforme al propio artículo 1 de la LISR. Es decir, este Título está construido para gravar única y exclusivamente a aquellos residentes en el extranjero.

En este sentido, dentro de cada uno los diversos supuestos que se establecen a lo largo de los artículos que componen dicho Título, existe una regla general de tributación en donde se aplica un porcentaje fijo (v.gr., 25%) sobre el monto del ingreso sin derecho a deducción alguna (a esto se le conoce generalmente como tributación sobre base bruta); asimismo, en ciertos casos, existe una regla particular que permite optar por un tratamiento alternativo para aplicar un porcentaje mayor (v.gr., 35%) pero bajo una ganancia o utilidad, es decir, se permite la deducción de ciertos gastos o costos, de tal forma que pudiera resultar en una tributación más justa y eficiente para el residente en el extranjero (a esto, en cambio, se le conoce generalmente como tributación sobre base neta).

Sin embargo, precisamente para poder aplicar dicho tratamiento alternativo de tributación (en el entendido de que aquellos que opten por esta forma de tributación lo harán porque resulta más eficiente que la tributación sobre base bruta), la Ley solicita al contribuyente residente en el extranjero que designe un representante legal en México a efectos de que dicho representante calcule, pague el impuesto correspondiente, así como la importante función de que responda ante la autoridad fiscal frente a cualquier procedimiento de revisión derivado del ejercicio de facultades de comprobación, tal como una visita domiciliaria o una revisión de gabinete, dada su calidad de responsable solidario, en términos generales, bajo el artículo 26 del CFF.

A continuación, y para efectos de claridad, se presenta un resumen de los casos en que se puede obtener un tratamiento fiscal opcional con la designación de un representante legal en México bajo lo dispuesto por la LISR, con el objeto de que el lector identifique la multiplicidad de escenarios que podrían estar sujetos a esta problemática:

Supuestos / tipos de rentas	Regla general	Tratamiento fiscal contando con representante legal en México
Art. 159 – Ingresos derivados de servicio turístico de tiempo compartido	25% sobre el total de ingreso sin deducción alguna.	Tasa del 35% sobre la utilidad obtenida.

Supuestos / tipos de rentas	Regla general	Tratamiento fiscal contando con representante legal en México
Art. 160 – Ingresos por enajenación de inmuebles	25% sobre el total de ingreso sin deducción alguna.	Tasa del 35% sobre la ganancia obtenida. (Opción de no designar representante si la enajenación se consigna en escritura pública)
Art. 161 – Ingresos por enajenación de acciones/títulos valor	25% sobre el total de ingreso sin deducción alguna.	Tasa del 35% sobre la ganancia obtenida / Diferimiento de ISR para reestructuraciones.
Art. 162 – Operaciones de intercambio de deuda pública por capital	25% sobre el total de ingreso sin deducción alguna.	Tasa del 40% sobre ganancia obtenida.
Art. 163 – Operaciones derivadas de capital	25% sobre ganancia calculada conforme a reglas generales (art. 20 LISR)	Tasa del 35% sobre la ganancia obtenida en operaciones efectuadas durante el mes bajo las reglas del art. 20, disminuyendo pérdidas deducibles.

Supuestos / tipos de rentas	Regla general	Tratamiento fiscal contando con representante legal en México
Art. 168 – Ingresos por servicios de obra, instalación, etc. en inmuebles	25% sobre el total de ingreso sin deducción alguna.	Tasa del 35% sobre la utilidad obtenida.
Art. 170 – Ingresos por actividades artísticas o deportivas	25% sobre el total de ingreso sin deducción alguna.	Tasa del 35% sobre la utilidad obtenida.

Es importante mencionar que, para efectos de lo anterior, dicho representante legal deberá ser designado de acuerdo con los requisitos particulares establecidos dentro del mismo Título V, en específico, aquellos mencionados en el artículo 174 de la LISR, sobre los cuales se proporcionarán comentarios sobre problemáticas detectadas en la práctica en el apartado siguiente tomando en cuenta la Reforma Fiscal que ocurrió para el ejercicio fiscal 2022.

Asimismo, es conveniente no omitir que, para la aplicación de los beneficios establecidos en los TEDI suscritos por México, uno de los requisitos establecidos por el artículo 4 de la LISR consiste precisamente en designar representante legal, en el entendido de que dicho artículo prevé específicamente la regla general para la aplicación de beneficios en TEDI; sin embargo, hay que resaltar que este artículo se encuentra dentro del Título I "Disposiciones Generales" y no dentro del

Título V, así como el hecho de que el artículo 4 no especifica en ningún momento que se tengan que observar los requisitos previstos por el artículo 174.

Lo anterior resulta en un área gris interesante en la práctica, ya que, al no existir especificación o mención explícita, entonces uno podría argumentar que, para efectos de la aplicación de un TEDI, es posible realizar la designación de un representante sin observar los requisitos especiales del artículo 174, dado que dicho artículo sólo aplica para las situaciones y supuestos establecidos dentro del Título V como lo especifica su primer párrafo. Esto se abordará más adelante a detalle en el contexto de la nueva ficha 160/ISR.

4. RESPONSABILIDAD SOLIDARIA E IMPLICACIONES DERIVADAS DE LA REFORMA FISCAL DE 2022

Previo a la Reforma Fiscal para 2022, el artículo 174 establecía, básicamente, los siguientes dos requisitos para poder fungir como representante de un residente en el extranjero para efectos de la aplicación de los tratamientos alternativos antes mencionados bajo el Título V:

1. *Ser persona física o moral residente en México o residente en el extranjero con EP en México.*
2. *Conservar a disposición de las autoridades fiscales, la documentación comprobatoria relacionada con el pago del impuesto por cuenta del contribuyente (residente en el extranjero) durante 5 años contados a partir de que se hubiera presentado la declaración correspondiente.*

Lo anterior se desprende del contenido de dicho artículo previo a la reforma, a saber:

> *"Artículo 174. El representante a que se refiere este título, deberá ser residente en el país o residente en el extranjero con establecimiento permanente en México y conservar a disposición de las autoridades fiscales, la documentación comprobatoria relacionada con el pago del impuesto por*

> *cuenta del contribuyente, durante cinco años contados a partir del día siguiente en que se hubiera presentado la declaración.*
>
> (...)".

Hasta este punto, parecía que el representante legal solamente debía cumplir con un rol de *agente* para que el residente en el extranjero pudiera materialmente realizar el pago de ISR, así como de conservar la documentación correspondiente en caso de que la requirieran las autoridades fiscales en caso de que estas ejercieran sus facultades de comprobación, pero no parece que dicha legislación estableciera una *responsabilidad solidaria* a pesar de la existencia de la fracción V del artículo 26 del CFF donde existían algunas interpretaciones acerca de esto, dado que dicha fracción establecía una responsabilidad para representantes, de personas no residentes, con cuya intervención estas personas no residentes efectuaran actividades por las que debieren pagarse contribuciones.

Sin embargo, esto resultaba ambiguo para el supuesto en que el representante únicamente fungiera como agente específicamente para llevar a cabo el pago del impuesto, sin siquiera realizar intervención alguna en los actos jurídicos que realizaran los no residentes, dejando espacio para una interpretación en el sentido de que no existiera responsabilidad solidaria para el representante.

Así las cosas, retomando el marco del proceso legislativo para la Reforma Fiscal de 2022, como parte de la Exposición de Motivos de la iniciativa presentada ante la Cámara de Diputados del Congreso de la Unión, se destaca lo siguiente:[4]

> *28. Representación legal de residentes en el extranjero*
>
> *Teniendo en cuenta las características de los contribuyentes obligados al pago del impuesto sobre la renta conforme a las disposiciones que incluye el Título V de la Ley de la materia, los cuales pueden contar con una presencia muy limitada en territorio nacional o bien, no contar con alguna, se propone a esa Soberanía reformar el primer párrafo del artículo 174 de la Ley del Impuesto sobre la Renta, con el propósito de aclarar que el representante designado para efectos del Título V de la mencionada Ley debe asumir voluntariamente la responsabilidad solidaria en el pago del impuesto causado por el residente en el extranjero, así como incluir el requisito de que el representante designado sea solvente, esto es, que cuente con bienes suficientes, a fin de asegurar el cumplimiento de la obligación tributaria sustantiva.*
>
> *Lo anterior, tiene como propósito que la figura de dicho representante legal no sea meramente instrumental, sino una herramienta para que el Fisco Federal pueda llevar a cabo con éxito el cobro de contribuciones a cargo de residentes en el extranjero, que en muchas ocasiones pueden llegar a eludir sus obligaciones fiscales en México, máxime tratándose de casos donde se trata de residentes en*

---

4 *Proyecto de Decreto por el que se reforman, adicionan y derogan diversas disposiciones de la Ley del Impuesto sobre la Renta, de la Ley del Impuesto al Valor Agregado, de la Ley del Impuesto Especial sobre Producción y Servicios, de la Ley Federal del Impuesto sobre Automóviles Nuevos, del Código Fiscal de la Federación y Otros Ordenamientos.* Foja XXXIV. 8 de septiembre de 2021. Gaceta Parlamentaria, año XXIV, número 5864.

> *países con los que si bien hay tratado en vigor, no existe mecanismo de asistencia en la recaudación o cobro de contribuciones, porque no esté establecido en el tratado o porque estándolo, los países contrapartes se reservan el derecho de prestar esta asistencia.*
>
> *(Énfasis añadido)*

Como resultado del proceso legislativo, a continuación, se reproduce el texto actual del primer párrafo del artículo 174:

> *"Artículo 174. El representante a que se refiere este título, deberá ser residente en el país o residente en el extranjero con EP en México, conservar a disposición de las autoridades fiscales, la documentación comprobatoria relacionada con el pago del impuesto por cuenta del contribuyente, durante cinco años contados a partir del día siguiente a aquél en que se hubiere presentado la declaración, asumir voluntariamente la responsabilidad solidaria, la cual no excederá de las contribuciones que deba pagar el residente en el extranjero y contar con bienes suficientes para responder como obligado solidario, conforme a las reglas de carácter general que al efecto expida el Servicio de Administración Tributaria.*
>
> *(...)".*

De la lectura del actual primer párrafo del artículo 174, y en contraste con el texto previo a la reforma, se desprenden los siguientes dos requisitos adicionales a los anteriores mencionados, para que una persona pueda fungir como representante de un residente en el extranjero:

1. *Asumir voluntariamente la responsabilidad solidaria junto con el contribuyente residente en el extranjero, la cual no excederá de las contri-*

buciones que deba pagar el residente en el extranjero.

2. *Contar con bienes suficientes para responder como obligado solidario, conforme a las reglas de carácter general que al efecto expida el Servicio de Administración Tributaria (SAT).*

De lo anterior, me gustaría compartir los siguientes comentarios derivados de una reflexión a la explicación descrita en la Exposición de Motivos y de los cambios realizados al artículo 174 derivados de la Reforma Fiscal:

i) La autoridad fiscal reconoce en la propia Exposición de Motivos que, en el texto anterior del artículo 174 de la LISR, no era clara la responsabilidad solidaria para el representante legal de un residente en el extranjero, por lo que ahora dicho representante debe asumir voluntariamente dicha responsabilidad, actualizando entonces el texto del primer párrafo conforme a lo establecido en el artículo 26, fracción VIII, que también fue reformado para aclarar que dicha responsabilidad solidaria será manifestada a través de las formas o formatos que al efecto señale el SAT mediante reglas de carácter general. En el caso específico, conforme a la ficha de trámite 160/ISR "Designación del representante de residente en el extranjero" contenida en el Anexo 1-A de la RMF. Esto ya cierra el espacio que daba lugar a la interpretación sobre la "responsabilidad solidaria" del representante.

ii) *Además de aclarar la responsabilidad solidaria atribuible al representante legal, que por su naturaleza implica para dicho representante contar con cierto patrimonio mínimo para hacer frente de manera conjunta con el contribuyente para el pago de contribuciones hasta por el monto de las mismas, especifica la obligación de contar con "bienes suficientes" sin profundizar más. A mi parecer, tomando en cuenta también la justificación proporcionada en la Exposición de Motivos, parecería más una responsabilidad subsidiaria que una solidaria, donde se busca la simplificación para ejecutar el cobro de cualquier contribución (supuestamente omitida) de manera supletoria exclusivamente con el representante legal en México, evitando el procedimiento que debería llevarse a cabo para intentar cobrar el crédito fiscal al contribuyente residente en el extranjero. Esto se refuerza con la necesidad de que a dicho representante le sea otorgado poder para actos de dominio, con el objetivo de que pueda disponer de bienes propios o del contribuyente residente en el extranjero, como se abordará más adelante.*

iii) *La Exposición de Motivos aclara que las modificaciones planteadas a la LISR (y el CFF) son para efectos del representante designado para efectos del Título V de la LISR, dejando de nuevo sin aclarar qué sucede para efectos de la aplicación de beneficios otorgados por los TEDI (bajo el artículo 4) siendo que, en ocasiones —por ejemplo, en el caso de enajenación de acciones— el propio Reglamento de la LISR, en su artículo 283, establece que para la aplicación de una exención bajo TEDI se deben cumplir los requisitos del artículo 174, dejando incertidumbre sobre si pudiera existir un claro intento de "treaty override" o anulación de la aplicación de un beneficio previsto por un TEDI en caso de no cumplir con los nuevos requisitos, así como qué pasa en lo demás casos donde no hay referencias en legislación doméstica respecto del cumplimiento de los requisitos del artículo 174 para la aplicación de beneficios proporcionados por un TEDI.*

5. CAMBIOS EN LA RESOLUCIÓN MISCELÁNEA FISCAL

5.1. ADICIÓN DE LA REGLA 3.18.40 "REPRESENTANTE LEGAL PARA EFECTOS DEL TÍTULO V DE LA LISR"

Como mencionaba en el apartado anterior, la fracción VIII del artículo 26 del CFF fue reformada para especificar que la responsabilidad solidaria asumida voluntariamente será manifestada a través de las formas o formatos que al efecto señale el SAT.

En este sentido, se adicionó la Regla 3.18.40 a la RMF, misma que establece lo siguiente:

> *Para los efectos del artículo 174, primer párrafo de la Ley del ISR, **la designación del representante de los residentes en el extranjero deberá realizarse conforme a la ficha de trámite 160/ISR "Designación del representante de residente en el extranjero"**, contenida en el Anexo 1-A, **antes de que venza el plazo para efectuar el entero del ISR que se haya causado,** conforme a las disposiciones relativas y aplicables del Título V de la Ley del ISR.*
>
> ***En caso de no cumplir con los requisitos** establecidos en la ficha de trámite 160/ISR, "Designación del representante de residente en el extranjero", contenida en el Anexo 1-A, **se tendrá por no realizada la designación de representante y no serán aplicables los beneficios o los tratamientos establecidos en el Título V de la Ley del ISR.***
>
> *(Énfasis añadido)*

De lo anterior, se desprende que los requisitos específicos para dar cumplimiento a aquello dispuesto por el primer párrafo del artículo 174, (i) se encuentran previstos en la ficha de trámite 160/ISR contenida en el Anexo 1-A de la RMF y (ii) estos deben ser cumplidos antes de que venza el plazo para enterar el ISR que se haya causado conforme a lo dispuesto por el Título V.

De la redacción de dicha Regla, me parece interesante destacar que el cumplimiento de la ficha parece ser aplicable únicamente cuando realmente existe un ISR causado; es decir, en el caso de una pérdida fiscal, o bien si la operación se encuentra exenta por virtud de la aplicación de beneficios de un TEDI, parecería que dicha ficha no debería observarse, algo que en la práctica es discutido ampliamente y algo que la autoridad fiscal no ha aclarado a la fecha de la publicación de este trabajo.

Sin embargo, si se toma en cuenta que la figura de representante legal —en su calidad de responsable solidario— tiene como objetivo último responder ante cualquier crédito fiscal, esto podría derivar en suponer la existencia de un escenario en donde, por ejemplo, no se cumplan con otros requisitos para aplicar un tratamiento opcional bajo el Título V (o para aplicar un beneficio otorgado por un TEDI) y por ende, el SAT pretenda fiscalizar bajo la aplicación de las reglas generales, como por ejemplo, con la determinación del impuesto sobre la renta considerando la tasa del 25% sobre el monto bruto del ingreso por enajenación de acciones o cualquier otro en los casos mostrados anteriormente.

Es decir, se pudiera pensar que, en cualquier caso, sí sería necesario cumplir con los requisitos de la ficha 160/ISR y que dicho representante necesite estar preparado para enfrentar la máxima contingencia posible. Esto representa un estado de incertidumbre para aquellas personas que sean designadas como representantes de residentes en el extranjero al momento de evaluar los requisitos que tienen que cumplir, los cuales se comentarán con detalle en el análisis específico de la ficha de trámite 160/ISR más adelante.

Asimismo, otra reflexión es respecto al segundo párrafo de la citada regla, donde se menciona que de no cumplir con los requisitos de la ficha de trámite 160/ISR *se tendrá por no realizada la designación de representante y no serán aplicables los beneficios o los tratamientos establecidos en el Título V* de la Ley del ISR, donde resulta interesante la contradicción que se suscita con la justificación que se manifestó en la Exposición de Motivos de la Reforma Fiscal 2022, que es la de "llevar a cabo con éxito el cobro de contribuciones a cargo de residentes en el extranjero", ya que, en el supuesto de desconocer la existencia de un representante legal en México (el cual es responsable solidario), entonces el cobro sólo podría realizarse al residente en el extranjero, lo cual resulta complejo según lo expuesto en la Iniciativa presentada al Congreso de la Unión.

5.2. ADICIÓN DE LA FICHA DE TRÁMITE 160/ISR "DESIGNACIÓN DEL REPRESENTANTE DE RESIDENTE EN EL EXTRANJERO"

Como se mencionó anteriormente, dentro del Anexo 1-A de la RMF, a partir del ejercicio fiscal 2022, se adicionó la ficha de trámite 160/ISR con el objetivo de incrementar los requisitos para la designación de un representante legal en México y, por ende, poder aplicar los tratamientos especiales previstos por el Título V de la LISR o beneficios proporcionados por un TEDI.

A continuación, se mencionarán los requisitos establecidos en las diferentes secciones de dicha ficha de trámite junto con comentarios respecto a particularidades y retos identificados en la práctica, así como reflexiones sobre su aplicación.

Sección ¿Quién puede solicitar el trámite o servicio?

En la ficha se establece que serán *los residentes en México o residentes en el extranjero con EP en el país que sean designados representantes de residentes en el extranjero, en términos del artículo 174 de la LISR.*

Al respecto, vale la pena aclarar que, respecto a los residentes en México designados como representantes, se puede tratar tanto de una persona física como de una persona moral y, por otra parte, puede también fungir como representante un residente en el extranjero a través de su EP en el país. Por lo general, en la práctica, es común designar a una persona moral residente en México, en donde resulta más manejable gestionar una contingencia a nivel de una sociedad, en lugar de a título personal como persona física con su propio patrimonio, donde resulta mucho más sensible.

En el caso de designar a un EP de un residente en el extranjero, resulta interesante evaluar que, si bien la posible contingencia fiscal determinada por el Fisco Federal derivada del ejercicio de sus facultades de comprobación sería enfrentada por esta sucursal, jurídicamente hablando sería la sociedad extranjera (*i.e.*, *la* casa matriz o *holding*) quien estaría a cargo de enfrentar dicha contingencia, lo cual podría representar en una afectación directa a la casa matriz. Esto considerando que un EP es una ficción legal donde se otorga una *especie* de personalidad jurídica exclusivamente para efectos fiscales a dicho EP, dado que no deja de ser una extensión o brazo de la sociedad extranjera sin personalidad jurídica propia.

Sección ¿Qué requisitos debo de cumplir?

1. *Original o copia certificada del documento que acredite el otorgamiento de la representación, el cual deberá cumplir los requisitos que establece el artículo 19 del CFF pudiendo aplicar, para este efecto, las facilidades contenidas en la regla 2.1.15. El representante deberá contar con facultades de dominio y para otorgar y suscribir títulos de crédito o sus equivalentes, conforme a las normas aplicables del derecho del lugar del otorgamiento del acto de representación. Tratándose del ofrecimiento de carta de crédito, se atenderá a las facultades de representación que sean necesarias, conforme a las disposiciones aplicables, para efectos de que pueda ser aceptada como garantía para efectos fiscales.*

En cuanto a los requisitos para acreditar el otorgamiento de la representación, vale la pena destacar que el artículo 19 del CFF menciona un registro de representantes legales con los requisitos ahí previstos; sin embargo, esto puede no ser aplicable si se opta por aplicar lo dispuesto en la regla 2.1.15 la cual establece los requisitos específicos para poderes otorgados en el extranjero, donde los requisitos más relevantes son:

- *El poder tendrá que estar protocolizado y otorgado ante notario o equivalente de fedatario público en el país correspondiente, así como apostillado o legalizado según sea el caso.*[5]
- *En una situación donde quien otorgue el poder sea una persona física (quien llevó a cabo la transacción sujeta a ISR bajo Título V de la LISR), el notario o fedatario público en el extranjero deberá acreditar la identidad de la persona, así como su capacidad legal para otorgar el poder.*
- *Además, en el caso de que quien otorgue el poder sea una persona moral, el notario o fedatario público en el extranjero deberá*

5 La apostilla resulta aplicable cuando el poder sea emitido en un país signatario de la Convención por la que se Suprime el Requisito de Legalización de los Documentos Públicos Extranjeros, conocida como la "Convención de la Haya".

acreditar con documentación válida, entre otros aspectos, su constitución, existencia y situación legal actual (como por ejemplo, el certificado de "good standing" emitido por las autoridades en los Estados Unidos de América), así como los requisitos mencionados en el párrafo anterior respecto de la persona física actuando por cuenta de la persona moral para el otorgamiento del poder.

Sobre el tipo de poderes necesarios, queda claro que la intención de las autoridades es, en su caso, poder ejercer el cobro de la totalidad del crédito fiscal con el representante designado, como se ha dejado entrever en el texto de la Exposición de Motivos. Algunos aspectos para considerar en este sentido son los siguientes:

- *Al tener el representante poderes para actos de dominio, esto significa que puede disponer de algún patrimonio, que en este caso sería aquel descrito en el listado de bienes mencionado más adelante, con el objetivo de cubrir un posible crédito fiscal. De la lectura de la ficha de trámite, existe la interrogante sobre si un poder especial o con limitaciones pueda resultar óptimo para cumplir este requisito, pero sin duda en la práctica resulta recomendable establecer un límite hasta por el monto sobre el cual se ejercería el cobro de contribuciones relacionadas únicamente con la operación por la cual se designa el representante, para evitar cuestiones adversas, como puede ser un fraude o alguna acción privada por actos ultra vires, entre otros casos.*

- *Respecto al poder para la suscripción de títulos de crédito, esto es necesario para la obtención y firma de una carta de crédito que puede servir como una opción para garantizar el interés fiscal como lo prevé la ficha de trámite. En el caso de contar con bienes suficientes, parecería que este poder no es necesario, sin embargo, en la práctica es recomendable que sea conferido junto con el poder de actos de dominio, en caso de que después se necesite una carta de crédito, considerando que la suficiencia de los bienes se evalúa al momento de la designación del representante, pero esta puede cambiar en el futuro considerando que el límite de la caducidad de las facultades de comprobación de las autoridades fiscales es de 5 años, así como considerando el tipo de bienes con los que se cuenten para cubrir esta supuesta garantía.*
- *Otro tema importante es, por ejemplo, en caso de que se designe una personal moral residente en México como representante legal, como puede ser una sociedad mercantil (v.gr., una S.A. o una S. de R.L.), dicha sociedad a su vez solamente podría actuar por conducto de un representante (persona física), el cual deberá tener facultades al menos iguales a aquellas otorgadas por el residente en el extranjero a la persona moral para realizar cualquier disposición del patrimonio en*

el eventual caso de enfrentar el pago de un crédito fiscal. Esto es complejo en la práctica, dado que los poderes para actos de dominio, así como para el otorgamiento y suscripción de títulos de crédito (v.gr., para recibir cartas de crédito o préstamos) están limitados a ciertos montos y a su ejercicio, donde muchas veces se da manera mancomunada por una cuestión de protección y prevención de fraudes.

En este sentido, en el caso de la designación de una persona moral como representante de un residente en el extranjero, resulta necesario, de manera previa, identificar si, a su vez, el o los representantes de la persona moral estarían habilitados para hacer efectiva la representación del residente en el extranjero, lo cual implica revisar sus poderes, así como los estatutos de la sociedad para identificar cualquier limitante.

2. *Original o copia certificada de la protocolización ante fedatario público en México de la manifestación suscrita por el representante designado para asumir voluntariamente la responsabilidad solidaria. Tratándose de representantes personas morales, la manifestación deberá estar suscrita por el administrador único o, en su caso, por la totalidad de los miembros del consejo de administración. Cuando en los estatutos sociales de la persona moral el presidente del consejo de administración tenga conferidas las mismas facultades*

de administración que el propio consejo, bastará la firma de dicho presidente para tener por cumplido el requisito. Para efectos de lo señalado en este punto, el representante designado deberá acompañar copia legible de la última actualización de los estatutos de la persona moral de que se trate, de la que se desprendan las facultades del administrador único, consejo de administración o de su presidente, según sea el caso. Las personas a que se refiere este párrafo deberán contar con e.firma.

Es interesante que en la ficha de trámite, en el caso de representantes personas morales, se asume gratuitamente que únicamente el administrador único o el consejo de administración (o su presidente) cuentan de iure y de facto con las facultades necesarias para asumir voluntariamente la responsabilidad solidaria en nombre de la sociedad designada como representante, pasando por alto el hecho de que la asamblea de socios o accionistas es el órgano máximo de gobierno de la sociedad y quien en principio podría realizar la manifestación sin impedimento alguno. Por lo tanto, las facultades del administrador único o de los miembros del consejo deben ser revisada previo a la designación de una sociedad como representante, ya que esto podría complicar el cumplimiento de este requisito.

Por otra parte, en el caso de contar con un consejo de administración, en la práctica sucede que algunos miembros residen en el extranjero y esto puede retrasar el proceso para conseguir su consentimiento y respectivas firmas, por lo que también es importante tomar esta situación en cuenta y anticiparla.

Vale la pena mencionar que en el caso de que se designe como representante legal a un establecimiento permanente en México de un residente en el extranjero, tal y como lo permite el artículo 174 de la LISR, se debe tener en cuenta que al ser una sucursal de la casa matriz, entonces el administrador único o equivalente o bien, el consejo de administración o gerentes (o equivalente) de la casa matriz o holding es quien tendrá que autorizar que dicho establecimiento permanente asuma la responsabilidad solidaria para con el contribuyente residente en el extranjero.

Esto puede resultar complejo, dado que jurídicamente la persona que está asumiendo la responsabilidad es una sociedad extranjera a través de la ficción fiscal mexicana del establecimiento permanente. Esto es algo a tener en cuenta previo a designar a un establecimiento permanente como representante legal, adicional a que esta ficha contempla las figuras de administrador único y un consejo de administración bajo la normativa mercantil mexicana, pero podrán existir otras figuras en el extranjero que compongan el órgano directivo y habría que analizar sus facultades para ver si sería posible autorizar esta manifestación requerida de forma equivalente; de lo contrario, se tendría que recurrir a los accionistas lo cual puede resultar todavía más complejo.

Por último, este requisito establece que las personas señaladas en este apartado deberán contar con e.firma; sin embargo, puede darse el caso de que alguna de dichas personas sea un residente en el extranjero sin RFC, y por lo tanto, sin e.firma.

En la práctica, no se ha identificado que el fedatario público que protocolice la manifestación las solicite, o que la autoridad fiscal al momento de recibir el trámite también las solicite. Es algo de lo que sin duda la autoridad fiscal debería tomar nota y adecuarlo considerando el supuesto de administradores o miembros del consejo que residan fuera de México.

3. *Documentación de fecha cierta relativa a la realización de la situación jurídica o de hecho que da lugar a la causación del ISR para el residente en el extranjero, conforme a las disposiciones relativas y aplicables del Título V de la Ley del ISR, de la que se aprecie la fecha en que se tuvo lugar o aconteció dicha situación.*

   Este requisito es algo que parece estar alineado con la jurisprudencia que emitió la Segunda Sala de la Suprema Corte de Justicia de la Nación en 2019[6]*, respecto a la eficacia probatoria*

---

6 **DOCUMENTOS PRIVADOS. DEBEN CUMPLIR CON EL REQUISITO DE "FECHA CIERTA" TRATÁNDOSE DEL EJERCICIO DE LAS FACULTADES DE COMPROBACIÓN,**

de los documentos privados, los cuales adquieren "fecha cierta" cuando se inscriban en el Registro Público de la Propiedad, o a partir de la fecha en que se presenten a un fedatario público (notario o corredor público).

Al respecto, considerando dicha tesis, es recomendable que se entregue la documentación que ampare la fecha y descripción del acto jurídico celebrado, tal como:

- *Contrato o convenio, donde la operación se identifique de manera clara, ya que en ocasiones hay operaciones donde se usan contratos maestros que amparan diversas transacciones (y en ocasiones en diversas jurisdicciones), por lo que en algunos casos podría entregarse información que pueda resultar confusa a la autoridad fiscal.*
- *Acta de asamblea que aprueba y reconoce el acto jurídico, en caso de ser aplicable.*
- *Asiento corporativo en el libro de socios o accionistas, o de movimientos en el capital social, en casos de enajenación de acciones.*

Cabe mencionar que para cualquiera de estos documentos mencionados, es recomendable

---

PARA VERIFICAR EL CUMPLIMIENTO DE OBLIGACIONES FISCALES DEL CONTRIBUYENTE. Jurisprudencia 2a./J. 161/2019 (10a.).-Materia Administrativa.-Décima Época.- Instancia: Segunda Sala.-Fuente: Semanario Judicial de la Federación y su Gaceta, Libro 73, diciembre de 2019, Tomo I, página 466.

sean documentos certificados por un fedatario público, o bien entregar la escritura que sea susceptible de inscripción en el Registro Público de la Propiedad como en el caso de enajenación de inmuebles.

4. *Papeles de trabajo referentes al cálculo y autodeterminación del ISR a cargo de su representado, conforme a las disposiciones relativas y aplicables del Título V de la Ley del ISR.*

   En cuanto a este requisito, que se refiere al cálculo de una ganancia o utilidad conforme al tratamiento opcional aplicable bajo Título V, resulta importante realizar las siguientes observaciones:

   - *La redacción de este requisito asume que en todo momento existe una ganancia e ISR a cargo y no así una pérdida, por lo que resulta cuestionable si en el caso de una pérdida también se tendría que adjuntar el cálculo. Sin embargo, considero que no existe efecto adverso en proporcionar el cálculo que sirva como evidencia de la existencia de una pérdida fiscal.*
   - *Por otra parte, en el caso de la aplicación de una tasa reducida por un TEDI, por ejemplo, para el caso de ganancias de capital, no resulta del todo claro si también se debe adjuntar el cálculo puesto que hace referencia explícita a las disposiciones del Título V de la LISR, sin embargo, considero que se debe proporcionar dicho cálculo dado que, en principio, sí existiría un ISR a cargo. En el caso de una*

pérdida bajo la aplicación de una disposición de TEDI, considero que tampoco existiría un efecto negativo derivado de proporcionar la evidencia del cálculo de dicha pérdida.

- *En el caso de una exención por aplicación de un TEDI (donde desde luego no habría impuesto por pagar), resulta cuestionable si el contribuyente debe aun así entregar un cálculo, adicional a la interrogante consistente en si por la sola aplicación del TEDI, resulta aplicable el cumplimiento de la ficha de trámite. Dado que este requisito menciona un "ISR a cargo" y bajo una exención por la aplicación del beneficio de un TEDI no habría ningún ISR a cargo, considero que existen argumentos que podrían sugerir que no se deba de entregar un cálculo dado que no hay un ISR a cargo.*

5. *Listado de bienes propiedad del residente en el extranjero —obre los que el representante designado pueda ejercer atribuciones como tal, en nombre y/o por cuenta de aquél— o del representante en sí mismo, susceptibles de embargo y de fácil realización en términos de las disposiciones del CFF, con los cuales, se garantice el ISR causado en términos del Título V de la Ley del ISR, o bien, original de la carta de crédito emitida por una institución de crédito autorizada, conforme a las disposiciones aplicables.*

   Sin duda, este un requisito de los más controversiales por sus implicaciones, por lo que se realizan las siguientes observaciones:

- *Primeramente, me parece oportuno hacer una pausa y considerar que la ficha de trámite ya se refiere expresamente a una "garantía" del interés fiscal. Sin embargo, por regla general y por mucho tiempo, la garantía del interés fiscal es el medio por el cual los contribuyentes aseguran el cumplimiento de sus obligaciones de pago. Es decir, primero tendría que existir una obligación de pago real para que entonces hubiera algo que garantizar, máxime que para que exista dicha obligación, se debería tener un crédito fiscal firme, algo que al momento de cumplir con esta ficha de trámite simplemente no existirá, porque ni siquiera se ha iniciado el ejercicio de las facultades de comprobación por parte de las autoridades fiscales.*

  Es decir, se pretende que desde el momento en que se designa al representante legal, se compruebe la solvencia que este, en conjunto con el residente en el extranjero, tienen para hacer frente a una contingencia que todavía no es real (y probablemente incluso nunca llegue a ser real). Esto resulta completamente violatorio a los principios que rigen el orden fiscal y al estar a nivel de regla miscelánea me parece pudiera estar excediéndose de aquello dispuesto por la LISR y el CFF, en clara violación del principio de legalidad.

- *En caso de haber determinado una ganancia y, por lo tanto, un ISR a cargo el cual se pagará durante el plazo para ello, entonces*

¿en realidad se requiere que el representante legal cuente con bienes para otorgar esta supuesta garantía?, para lo cual estimo conveniente las siguientes reflexiones:

— *El plazo para presentar los requisitos de esta ficha de trámite fenece antes de que venza el plazo para el entero del ISR que se haya causado, por lo que, cuando se presente la documentación prevista en esta ficha de trámite, el ISR a cargo podría estar todavía no pagado. Sin embargo, si eventualmente el ISR determinado queda cubierto, este requisito podría parecer irrelevante. No obstante, en aras de cumplir a la letra este requisito, se tendrían que enlistar bienes cuyo monto acumulado sea equivalente al ISR a cargo, algo que a mi parecer resulta ocioso.*

— *Sin embargo, retomando mi comentario expuesto anteriormente, me parece oportuno realizar la siguiente pregunta: ¿cuál sería el límite de la responsabilidad solidaria? Con el fin de conocer entonces cuál sería el límite que abarcaría la lista de bienes requerida, es decir, cuál sería el supuesto más "extremo" que puede existir con el objetivo de cumplir con este requisito.*

Así bien, de acuerdo con lo anteriormente analizado, el límite de la responsabilidad solidaria del representante legal sería hasta por el total de contribuciones que deba pagar el contribuyente residente en el extranjero.

Entonces, me parece que existe espacio para interpretar que en el caso de que el SAT revise las operaciones y, bajo el peor escenario posible, desconozca completamente el cumplimiento de requisitos para la opción ejercida para calcular bajo ganancia/utilidad o el costo fiscal de aquello enajenado, o aplicación de beneficio bajo TEDI, lo cual resultaría en que el SAT reclame el cobro de una cantidad no cubierta previamente, lo cual llevaría a pensar que este requisito de otorgar una lista de bienes que "garanticen" el ISR causado puede ser pensando en el límite de la responsabilidad solidaria, el cual sería considerando la aplicación de las reglas generales tal como el 25% sobre el monto del ingreso obtenido, sin deducción alguna, como es el caso para ingresos derivados de servicio turístico de tiempo compartido, enajenación de inmuebles y acciones, servicios de construcción de obra, entre otros.

En otras palabras, sería proporcionar una lista de bienes, propiedad del contribuyente residente en el extranjero y/o del representante legal designado, cuyo valor sea equivalente a dicho 25% de ISR sobre el monto del ingreso obte-

nido por el residente en el extranjero, independientemente de haber aplicado un método alternativo de cálculo de ganancia/pérdida o haber aplicado un beneficio otorgado por algún TEDI. De esta forma, se estaría "garantizando" que se puede hacer frente ante cualquier contingencia fiscal que pudieran determinar las autoridades fiscales en el ejercicio de sus facultades de comprobación. Es decir, no se dejaría lugar a duda alguna sobre si se está cumpliendo con este requisito de listar "bienes suficientes" para garantizar cualquier eventual interés fiscal.

Luego entonces, me parece que lo más "conservador" sería esta última postura, ya que, si bien el ISR pudo haber sido cubierto dentro de su respectivo plazo, o bien no existió un ISR a cargo, resulta complicado ver otro sentido para cumplir con este requisito y, de lo contrario, la autoridad fiscal podría tomar la postura de que este requisito no se cumplió e invalidar el general el cumplimiento con la ficha de trámite, desestimando la designación del representante legal, negando entonces el tratamiento preferencial otorgado por el Título V, o incluso de beneficios otorgados por un TEDI (a pesar de la contradicción que esto implicaría porque al no haber representante legal por falta de cumplimiento de requisitos, el SAT tendría que ejercer el cobro directamente con el contribuyente residente en el extranjero).

Independientemente de que lo anterior resulta la postura más conservadora en aras de cumplir con lo requerido, lo cierto es que en diversas ocasiones puede resultar complicado cumplirlo, donde teniendo una pérdida fiscal o una exención bajo tratado donde en principio no habría un ISR por garantizar y exista incluso una falta de bienes para cubrir el escenario más gravoso (25% sobre monto bruto del ingreso percibido por el residente en el extranjero).

Desafortunadamente, el SAT no se ha pronunciado al respecto emitiendo una aclaración de los supuestos en que resulta aplicable, por lo que, al momento, el cumplimiento de este requisito todavía permanece abierto a la interpretación.

— *Por otra parte, en cuanto al tipo de bienes que pueden enlistarse, es importante observar lo dispuesto por el artículo 155 del CFF donde, por mencionar algunos ejemplos, la lista debe observar el siguiente orden conforme a la liquidez de los activos:*

I. *Dinero, metales preciosos, depósitos bancarios.*
II. *Acciones, bonos, valores.*
III. *Otros bienes muebles,*
IV. *Bienes inmuebles.*

— *Otro punto a reflexionar es que, si bien al momento de dar cumplimiento a esta ficha de trámite se puede contar con bienes para satisfacer este requisito, en la mayoría de los casos los bienes listados forman parte del patrimonio productivo del residente en el extranjero y/o del representante legal, ya sea persona física o moral, por lo que en el futuro pudieran ya no existir o tener un valor diferente, algo que la ficha de trámite no tiene en cuenta y podría generar incertidumbre tanto para el Fisco Federal, como para los contribuyentes. En este orden de ideas, considero que, con la información existente a la fecha del presente trabajo, lo adecuado sería tomar en cuenta el valor de los bienes al momento de la designación del representante legal.*

- *Un interrogante que ha existido alrededor de este requisito es que, si bien se solicita una lista de bienes, no se solicita el valor específico de cada bien al momento en que se elabora dicha lista ni la forma de determinar dicho valor, por lo que puede interpretarse que, por ejemplo, en el caso de listar cuentas bancarias no es necesario hacer mención del saldo, o en el caso de bienes muebles o inmuebles no manifestar su valor. Esto es algo que el SAT no ha aclarado y deja un área gris para dar debido cumplimiento a este requisito, ya que se puede manifestar un valor estimado, ya sea contable o de mercado, entre otros. En caso de que en el futuro el SAT, por ejemplo, aclare que el valor sea conforme a avalúos, puede complicar las cosas para los contribuyentes dado que ciertos avalúos implican tiempo y recursos económicos y administrativos para realizarse. En este sentido, me parece que existen argumentos para listar los bienes sin necesidad de revelar el valor de los mismos.*

Asimismo, pudieran existir más detalles sobre los bienes manifestados, como, por ejemplo, en el caso de cuentas bancarias no se aclara si al menos se debe mencionar el número de cuenta y la institución bancaria, o en el caso de bienes muebles como acciones, si se debe manifestar la emisora, o bien en el caso de inmuebles si se debe manifestar su localización. Estos datos igualmente al no ser requeridos, considero que existen argumentos razonables para no ser revelados.

- *Algo que resulta importante de analizar para las personas morales que sean representantes legales de residentes en el extranjero, es la implicación de hacer uso de una carta de crédito, ya que el objetivo de la ficha de trámite es garantizar un crédito fiscal que —como se mencionó— todavía no existe y, por tanto, estar ante la inexistencia de una deuda real. Por lo que es relevante analizar si ello debiera incluso incluirse como una deuda para efectos del cálculo del ajuste anual por inflación, teniendo en cuenta la definición otorgada por el artículo 46 de la LISR, donde creo que pueden existen elementos para no considerarse al ser una obligación de pago contingente y sujeta a que se configure un crédito fiscal.*

En el caso de personas físicas que sean designadas como representante legal, algo a considerar es si dicha carta de crédito pudiera llegar a mermar su capacidad crediticia considerando que no hay deuda real, sino una obligación contingente sujeta a la existencia de un crédito fiscal.

- *Asimismo, no hay que perder de vista que en el caso en el que un EP de un residente en el extranjero sea designado como como representante legal, al no tener personalidad jurídica por tratarse de una ficción fiscal, no podría disponer de un patrimonio propio y en todo caso sería el patrimonio de la casa matriz.*

6. *Identificación oficial, cualquiera de las señaladas en el Apartado I. Definiciones; punto 1.2. Identificaciones oficiales, comprobantes de*

domicilio y poderes, inciso A) Identificación oficial, del presente Anexo.

Es importante aclarar que en el caso de que una persona moral residente en México o un establecimiento permanente en México de un residente en el extranjero haya sido designado como representante legal por parte del residente en el extranjero, quien acudirá a presentar el trámite será la persona física que a su vez represente a dicha persona moral o establecimiento permanente y será quien deba mostrar su identificación oficial que puede ser cualquiera de las siguientes opciones:

- *Credencial para votar vigente, expedida por el Instituto Nacional Electoral.*
- *Pasaporte vigente.*
- *Cédula profesional vigente con fotografía (quedando exceptuadas las cédulas profesionales electrónicas).*
- *Credencial del Instituto Nacional de las Personas Adultas Mayores vigente.*
- *Tratándose de extranjeros, documento migratorio vigente que corresponda, emitido por autoridad competente (en su caso, prórroga o refrendo migratorio).*

Sección ¿Con qué condiciones debo cumplir?

1. *Que el representante cuente con la opinión positiva de cumplimiento de obligaciones fiscales.*

Para obtener una opinión positiva es necesario atender a los criterios establecidos por la Regla 2.1.37 "Procedimiento que debe observarse para la obtención de la opinión del cumplimiento de obligaciones fiscales".

Es recomendable que previo a la designación como representante legal, primero se verifique si es posible obtener una opinión positiva o, en su caso, se identifiquen de inmediato las acciones de remediación necesarias para poder obtenerla.

2. *Que el estado del representante designado y de su domicilio fiscal se encuentren como distintos a no localizados.*

   Los estados distintos a no localizados son "domicilio sin verificar", es decir, que no se ha solicitado todavía la verificación a la autoridad fiscal, y el estado de "localizado".

   En el caso de que la persona que se pretenda sea designada como representante legal se encuentre como "no localizado", se deberá solicitar la verificación de domicilio mediante la ficha de trámite 126/CFF "Solicitud de verificación de domicilio". Este procedimiento puede demorar hasta 10 días hábiles de acuerdo a dicha ficha de trámite.

3. *Que el representante designado se encuentre activo en el RFC al momento de su designación y por los cinco años posteriores a la fecha en que haya tenido lugar o acontecido la situación jurídica o de hecho que haya dado lugar a la causación del ISR para el residente en el extranjero,*

conforme a las disposiciones relativas y aplicables del Título V de la Ley del ISR.

En el caso de representantes que sean personas morales es relevante tener en cuenta este requisito, dado que por el plazo de 5 años existirá impedimento para liquidarse, extinguirse por fusión o escisión, o bien considerar que, si cambia el control de la sociedad a otro grupo corporativo, la sociedad aun será responsable solidario.

En el caso de un representante persona física, es importante tener este requisito presente en el caso de un cambio de residencia fiscal o si se está evaluando manifestar una suspensión de actividades en el RFC.

Sección información adicional

Si bien esta sección no representa información que deba entregarse físicamente o que sea susceptible de verificación por parte de la autoridad al momento de presentar el trámite en ventanilla, resulta importante revisarla con cuidado, ya que son consideraciones que tienen observarse para evaluar si la representación es válida independientemente de que sea factible el cumplir con los requisitos citados en las secciones anteriores.

1. *Los bienes propiedad del representante, deberán corresponder al tipo de bienes señalados en el artículo 155 del CFF, que de forma suficiente*

garanticen la responsabilidad solidaria asumida por el representante.

Como se ha comentado previamente, el límite de la responsabilidad solidaria asumida por el representante es el escenario más gravoso, es decir, lo máximo que la autoridad podría exigir, lo cual puede llevar a interpretar que el valor de los bienes listados tendrían que ser equivalente y acorde a dicho escenario. Por ejemplo, al aplicar la regla general en diversos supuestos del Título V de la LISR, donde predominantemente es la aplicación del 25% sobre el valor bruto del ingreso obtenido por el residente en el extranjero.

2. *Dicha garantía, o bien, el importe de la carta de crédito deberá comprender cuando menos el ISR determinado a cargo del residente en el extranjero, sin perjuicio de que el SAT pueda requerir su ampliación hasta por el plazo que establece el artículo 67 del CFF. Tratándose de la aplicación de tratados para evitar la doble tributación en vigor de los que México sea parte, el SAT podrá requerir ampliaciones al monto de la carta de crédito tomando en consideración que el residente en el extranjero pueda no tener derecho a los beneficios de dichos tratados.*

   De la lectura en secuencia de este apartado, me gustaría hacer una reflexión sobre la parte que a la letra establece: "dicha garantía, o bien, el importe de la carta de crédito deberá comprender cuando menos el ISR determinado a cargo del residente en el extranjero". Haciendo énfasis en las palabras "cuando menos", me parece que las autoridades fiscales dejan claramente a la vista que, si bien existe un ISR determinado, la autoridad fiscal, en el ejercicio de sus facultades de comprobación, podría determinar un ISR omitido adicional al ya calculado y enterado, lo cual sustenta los comentarios que compartí anteriormente en cuanto a que, en la medida de lo posible, haría sentido evaluar la responsabilidad solidaria atendiendo al límite de la misma.

Como también se ha comentado anteriormente, esta solicitud de garantía incluso contradice lo que en procedimiento se refiere en un ejercicio de facultades de comprobación, donde la garantía se podría solicitar hasta en tanto se inicie el juicio de nulidad en contra del acto administrativo ejercido por la autoridad fiscal (con excepción del juicio de resolución exclusiva de fondo), o bien se solicite prórroga para el pago de los créditos fiscales o sean cubiertos en parcialidades. Es decir, la exigencia de garantizar el interés fiscal existe hasta en tanto se hace efectivo su cobro o bien durante un procedimiento contencioso administrativo.

Asimismo, este párrafo modificado para la RMF de 2023 deja entrever la interpretación del SAT en el sentido de que aun cuando se aplique un beneficio previsto por un TEDI, esta ficha de trámite debe cumplirse, algo que, como se explica anteriormente, pudiera ser debatible desde el punto de vista técnico en el caso, por ejemplo, de una exención.

Respecto a la aclaración que se hace cuando el contribuyente residente en el extranjero no cumpliera con las disposiciones del TEDI, y por ende le apliquen las reglas establecidas en el Título V de la LISR, el SAT aclara que solicitará una ampliación al monto de la carta de crédito, lo cual refuerza la reflexión e interpretación efectuada anteriormente (y expresado en la Exposición de Motivos en la Reforma Fiscal de 2022) en cuanto a que el SAT parece buscar que la persona que funja como responsable solidario, pueda cubrir la totalidad de un crédito fiscal, lo cual pudiera darse en el escenario más gravoso bajo las reglas generales del Título V (aplicación del 25% sobre el monto bruto. Esto es algo que resulta relevante para la elaboración de la lista de bienes o el monto que será objeto de la solicitud de la carta de crédito.

3. *Cuando el representante sea una persona moral, el monto de las contribuciones que deba pagar el residente en el extranjero, por las que asuma voluntariamente la responsabilidad solidaria el representante designado, no podrá exceder del 10% del capital social pagado de la persona moral de que se trate y ésta no deberá haber tenido pérdida fiscal para efectos del impuesto sobre la renta en los dos últimos ejercicios fiscales regulares o, en su caso, ésta no deberá haber excedido del 10% de su capital social pagado. Este requisito no será aplicable, cuando se ofrezca carta de crédito.*

Este requisito, junto con el siguiente, han sido controversiales desde la publicación de esta ficha de trámite en 2022, dado que su lectura no está clara y en lo particular, creo que pueden existir al menos las siguientes interpretaciones:

a) Una lectura respecto al "monto de las contribuciones por las que el representante asuma voluntariamente la responsabilidad solidaria no podrá exceder el 10% del capital social pagado de la persona moral", en donde —usando un ejemplo ilustrativo— tenemos que si dicho monto de las contribuciones que debe pagar el residente en el extranjero (v.gr., ISR) por el cual se asume responsabilidad solidaria asciende a $1'000,000.00 (un millón de pesos 00/100 M.N.) entonces el capital social tendría que ser de al menos $10'000,000.00 (diez millones de pesos 00/100 M.N.), de tal forma que el millón de pesos no exceda el 10% del total del capital social pagado de la persona moral en cuestión. Algo que puede resultar preocupante en operaciones de gran cuantía.

b) Una segunda lectura de este requisito es que el monto por el que el representante asume la responsabilidad solidaria para con el residente en el extranjero, no puede exceder del 10% de su capital social pagado; es decir, retomando el ejemplo anterior, asumiendo que el monto de las contribuciones a cargo del residente en el extranjero es por $1'000,000.00 (un millón de pesos 00/100 MN), entonces el *límite por el cual será responsable el representante en México será de $100,000.00 (cien mil pesos 00/100 MN), en donde su capital social pagado deberá ser al menos por esta cantidad.*

Esta lectura parecería más razonable considerando que el rol del representante es ser responsable solidario y no subsidiario, ya que finalmente el residente en el extranjero es realmente el contribuyente, sin embargo, tomando en cuenta la Exposición de Motivos de la Reforma Fiscal de 2022, pudiera existir una contradicción con esta lectura en el entendido de que la autoridad fiscal busca el éxito en el cobro de contribuciones con los representantes legales.

No obstante, es importante tener en cuenta que, como parte de la documentación que se entrega para el cumplimiento de esta ficha de trámite, se entrega una lista de bienes (o carta de crédito) que garantice que se cuentan con bienes suficientes y susceptibles de embargo, para hacer frente ante cualquier eventual crédito fiscal, por lo que esta medición sobre la supuesta solvencia del representante legal, en mi opinión, pudiera perder relevancia si existen bienes suficientes para garantizar el interés fiscal, y más en el caso de asumir la interpretación de listar bienes de tal forma que se cubra el límite de la responsabilidad solidaria como se ha expuesto anteriormente.

Por otra parte, no hay que perder de vista que al final del párrafo establece que "este requisito no será aplicable, cuando se ofrezca carta de crédito", es decir, es un requisito que el representante persona moral tiene que cumplir para poder fungir como tal, y el hecho de mencionar una medida alternativa como una carta de crédito, sugiere entonces que el representante legal debe estar listo para asumir la máxima responsabilidad que puede conllevar su designación, la cual se comentó anteriormente.

Habiendo dicho lo anterior, creo que esto no "suaviza" que la responsabilidad solidaria para el representante pudiera estar topada al 10% de su capital social como puede darse a entender con la segunda interpretación expuesta, dando a entender que el capital social entonces parece que sí tiene que ser 10 veces mayor que el valor de las contribuciones por las cuales asume la responsabilidad solidaria. Con esto en mente, sumado a que la intención del fisco es lograr exitosamente el cobro de las contribuciones con los representantes legales de acuerdo con la Exposición de Motivos de la Reforma 2022, me parece que el criterio más adecuado sería el primero, no obstante podría poner en jaque varias operaciones al no encontrar una persona que pueda cumplir con este requisito, lo cual cae en lo absurdo que puede parecer este requisito, dando pie a otras interpretaciones como el segundo criterio expuesto.

Algo que también es destacable, es el hecho de medir la capacidad del representante a través del capital social, siendo que este no necesariamente es un buen indicador de su solvencia. Algo más razonable podría ser el capital contable, es decir, capital social más capital ganado, o bien razones financieras que midan la solvencia (v.gr., activo entre pasivo).

En mi opinión, este método no resulta acertado para medir la solvencia del representante, sumado al hecho de que, de entrada, se deben enlistar bienes suficientes para garantizar el interés fiscal (con sus aspectos particulares como se analizó anteriormente).

4. *Cuando el representante sea una persona física, el monto de las contribuciones que deba pagar el residente en el extranjero, por las que asuma voluntariamente la responsabilidad solidaria el representante designado, no podrá exceder del 10% de sus ingresos declarados en el ejercicio fiscal inmediato anterior, sin incluir el 75% de los ingresos declarados para los efectos del impuesto sobre la renta como actividades empresariales o del 10% del capital afecto a su actividad empresarial, en su caso. Este requisito no será aplicable, cuando se ofrezca carta de crédito.*

   Similar a lo expuesto en el numeral anterior, se puede entender también en dos sentidos diferentes la medición que se sugiere respecto al 10% de los ingresos de la persona física.

Algo de llamar la atención en esta redacción es la exclusión que hace en el caso de ingresos provenientes de actividades empresariales, ya que en el hipotético caso de que la persona física que se pretenda designar como representante solamente realice actividades empresariales, 75% de dichos ingresos no se incluirán para el cálculo del límite del 10% sobre ingresos, lo cual, de seguir la primera lectura o interpretación expuesta en el numeral anterior, en múltiples casos sería prácticamente imposible que la persona física pudiera calificar para ser representante. Por lo que tal vez la manera más razonable en que una persona física podría fungir como representante legal sería bajo el escenario en que el valor de las contribuciones por las cuales asume la responsabilidad solidaria no exceda del 10% del capital afecto a su actividad empresarial con las consideraciones efectuadas en el caso de una persona moral comentadas en el numeral anterior.

6. APUNTES PRÁCTICOS

En este apartado, para efectos de lo dispuesto por la ficha 160/ISR "Designación del representante de residente en el extranjero", me gustaría retomar los comentarios relevantes antes expuestos aterrizándolos en casos prácticos de enajenación de acciones, el cual es un ejemplo común para la designación de un representante legal en México por parte de un residente en el extranjero.

En este sentido, se considerarán los siguientes casos:

i. *Enajenación de acciones efectuada por un residente en el extranjero tomando la opción de tributar a la tasa del 35% sobre la ganancia determinada para lo cual se tiene que designar representante legal en México y dictaminar la operación por contador público registrado de acuerdo con lo dispuesto por el sexto párrafo del artículo 161 de la LISR. El representante legal designado es una persona moral constituida y residente en México.*

ii. *Enajenación de acciones efectuada por un residente en el extranjero invocando el beneficio de un TEDI para aplicar una tasa reducida a la dispuesta por el artículo 161 de la LISR. El repre-*

sentante legal designado es una persona moral constituida y residente en México.

iii. *Enajenación de acciones efectuada por un residente en el extranjero invocando el beneficio de exención en la enajenación previsto por un TEDI. El representante legal designado es una persona moral constituida y residente en México.*

CASO 1 – EJERCICIO DE OPCIÓN PARA TRIBUTAR A LA TASA DEL 35% SOBRE LA GANANCIA OBTENIDA CONFORME A LA LISR

Como lo establece el sexto párrafo del artículo 161, dentro del Título V de la LISR, para aplicar la opción de aplicar la tasa del 35% sobre una ganancia o bien generar una pérdida si el costo fiscal de las acciones resultase mayor al precio de venta o valor de la operación, es necesario que el contribuyente residente en el extranjero realice la designación de un representante legal en México.

Al tomar un tratamiento opcional proporcionado por el Título V de la LISR y tener como obligación para optar por dicho tratamiento el tener que designar a un representante en México, será necesario entonces atender a lo dispuesto por el artículo 174 de la LISR.

En este orden de ideas, de acuerdo con lo dispuesto por el primer párrafo del artículo 174 de la LISR no quedaría duda de que sería necesario cumplir con lo dispuesto por la ficha de trámite 160/ISR conforme a lo analizado en el apartado anterior dado que sería un representante al cual se hace referencia en el propio Título V (artículo 161).

Sin embargo, en el caso de existir una pérdida fiscal en la enajenación de acciones, me gustaría compartir los siguientes comentarios:

- *En el caso de que al momento de calcular el costo fiscal de las acciones de acuerdo con lo previsto por la LISR (v.gr., artículo 22), si este resultara mayor que el valor de la enajenación entonces resultaría una pérdida fiscal en dicha enajenación.*
- *Ante tal escenario de una pérdida fiscal en la enajenación de acciones, surge la interrogante sobre cómo cumplir con ciertos requisitos tal como los papeles de trabajo referentes al cálculo del ISR a cargo, proporcionar un listado de bienes, así como realizar las pruebas de solvencia que solicita el apartado de "Información adicional".*
- *Así bien, respecto del requisito relacionado con entregar los papeles de trabajo referentes al cálculo y autodeterminación del ISR a cargo conforme a las disposiciones relativas y aplicables del Título V de la LISR, como lo mencioné anteriormente, considero que aun cuando no exista ISR a cargo por haberse generado una pérdida, si sería apropiado entregar los papeles de trabajo con la determinación de la pérdida, máxime que ya serán entregados como parte*

del dictamen que sea firmado por el contador público registrado. Es decir, al final del día la autoridad tendrá pleno conocimiento del cálculo de la pérdida fiscal.

- *Respecto del requisito de proporcionar un listado de bienes propiedad del residente en el extranjero (sobre los que el representante pueda ejercer atribuciones como tal, en nombre y/o por cuenta de aquél) o del representante en sí mismo, considero que bajo un criterio conservador como lo comenté anteriormente, en la medida de lo posible (con énfasis), lo apropiado sería proporcionar una lista de bienes por un valor equivalente al 25% sobre el precio de la operación (sin deducción alguna), tomando en cuenta el límite de la responsabilidad solidaria para el representante, considerando la intención manifestada en la Exposición de Motivos de la Reforma 2022. De otro modo, al no proporcionar un listado de bienes se podría poner en riesgo el cumplimiento de este requisito, derivando en efectos adversos como el desconocimiento o invalidez de la representación legal lo cual significaría la aplicación de la regla general de tributación (25% sobre el valor bruto de la operación).*
- *En cuanto a las pruebas de solvencia de aquella persona que funja como representante que solicita el apartado de "Información adicional", me parece que en primera instancia no tendrían que observarse dado que es irrelevante hablar de un requisito de solvencia cuando no hay un*

ISR a cargo por haber generado una pérdida fiscal. No obstante, hay que considerar que una situación donde las autoridades fiscales ejerzan sus facultades de comprobación y determinen, en su caso, que el tratamiento opcional no era aplicable, o que el costo fiscal de las acciones no es válido (v.gr., por falta de documentación soporte como he observado en auditorias recientes), entonces se estaría ante un escenario donde podría existir un ISR a cargo omitido donde se requiere comprobar la solvencia.

Si bien esto es pensar muy a futuro, creo que resulta conveniente poner sobre la mesa el evaluar la solvencia conforme a lo que sería el límite de la responsabilidad solidaria según la intención manifestada en la Exposición de Motivos de la Reforma 2022 que recalca que se pretende lograr exitosamente el logro de contribuciones a través de la responsabilidad solidaria impuesta a quien funja como representante legal.

En este sentido, considerando los comentarios anteriores sobre cuál sería el límite de la responsabilidad solidaria para el representante legal, la medición del 10% sobre el capital social o ingresos de la persona física o capital afecto a su actividad empresarial, en la medida de lo posible, debería ser considerando un nivel de ISR equivalente al 25% sobre el valor bruto de la operación. Esto puede parecer extremo ciertamente, pero dejaría cubierto sin lugar a duda este requisito, asegurando a mi parecer su cumplimiento y por consiguiente evitando cualquier efecto adverso que implicaría el desconocimiento o invalidez de la representación legal lo cual significaría la aplicación de la regla general de tributación.

Lo anterior aunado a mi opinión expresada anteriormente en el sentido de que, si el Fisco Federal pretende desestimar, descalificar o desconocer la designación del representante legal por la falta de cumplimiento de alguno de estos requisitos, existe una clara contradicción entre el efecto que esto provocaría y el objetivo que tiene conforme a la exposición de motivos analizada.

CASO 2 – APLICACIÓN DE BENEFICIO DE UNA TASA REDUCIDA CONFORME A UN TEDI

Como se ha mencionado, el artículo 4 de la LISR establece requisitos para la aplicación de beneficios previstos por los TEDI, sin embargo, como se señaló anteriormente, dicho artículo no aclara si el representante a que se refiere debe cumplir con los requisitos establecidos en el artículo 174, sumado a que en el caso particular de una enajenación de acciones, tampoco el artículo 161 de dicho ordenamiento, ni su reglamento, establecen el procedimiento a seguir en cuanto a tramitología se refiere cuando se aplica una tasa reducida proporcionada por un TEDI, como si sucede cuando se aplica la opción prevista por el sexto párrafo del multicitado artículo 161 como se analizó en el Caso 1 (35% sobre la ganancia obtenida).

No obstante, a efecto de tratar de aclarar esta área gris considero conveniente apuntar lo siguiente:

- *Los TEDI vigentes otorgan una tasa reducida que resulta aplicable a una ganancia, pero no contienen un procedimiento o mecánica de cálculo para calcular dicha ganancia (o pérdida si el costo fiscal resultara mayor).*
- *Por su parte, el artículo 283 del RLISR establece que para efectos de los artículos 4 y 161, párrafo séptimo, los contribuyentes podrán no presentar el dictamen a que hace referencia este último artículo, en los casos en que la enajenación de acciones o títulos valor que representen la propiedad de bienes, se encuentre exenta en términos de los TEDI celebrados por México. Cabe hacer énfasis en la palabra "podrán" que denota que es una opción o alternativa, que solamente aplica en caso de contar con una exención bajo TEDI. Pero entonces ¿qué pasa si el TEDI en cuestión no otorga una exención, pero sí una tasa reducida?*

  De la lectura a dicho artículo del RLISR parecería que da a entender que en el caso de no tener una exención bajo TEDI entonces sí habría que presentar un dictamen fiscal de enajenación de acciones, dejando para esto dos casos en que puede aplicar: bajo ejercicio de la opción del párrafo sexto y séptimo del artículo 161, o bien bajo la aplicación de una tasa reducida otorgada por TEDI.

De acuerdo con el séptimo párrafo del artículo 161, el dictamen deberá estar acompañado con la copia de la designación del representante legal. Dando también a entender que se está hablando de un representante legal de acuerdo con el Título V de la LISR, entonces se tendrían que observar aquellos requisitos previstos en el artículo 174 de dicho ordenamiento.

- *Asimismo, para tratar de colmar la laguna en cuanto a la mecánica de cálculo aplicable, y dado que el dictamen sería formulado por un contador público registrado ante las autoridades fiscales, hace sentido observar el procedimiento establecido dentro del artículo 161 que deriva en aquél previsto por el artículo 22 de la LISR.*

Por lo anterior, de una interpretación armónica de los artículos mencionados, me parece que lo más adecuado sería cumplir con la designación del representante legal en términos del artículo 174 de la LISR, así como cumplir con la presentación del dictamen requerido por el párrafo séptimo del artículo 161 de dicha Ley.

Esto muy a pesar de que, en mi opinión, considerando los precedentes existentes, un TEDI parece estar por encima jerárquicamente de las leyes federales y más aún de sus reglamentos y reglas de carácter general. Sin embargo, esto todavía no está del todo claro sino hasta que exista una reforma al texto Constitucional o bien se emita una jurisprudencia por parte de la SCJN que sea de observancia general y fuente de derecho.

Esto adicional a que como mencionaba, desafortunadamente los TEDI vigentes no establecen un procedimiento de cálculo ni de representación específicos, teniendo así que colmar estas lagunas con lo dispuesto por la legislación doméstica.

Una vez habiendo aclarado lo anterior, y al interpretar que puede ser aplicable lo dispuesto por el artículo 174 de la LISR, entonces también resultarían aplicables los requisitos establecidos por la ficha de trámite 160/ISR.

En este sentido, serían aplicables los mismos comentarios del Caso 1 respecto de los requisitos para el cumplimiento de la ficha de trámite 160/ISR, con el comentario adicional acerca de que en este caso de aplicación de beneficios de un TEDI, el SAT adicionalmente a la revisión de requisitos de cumplimiento para la representación legal, de la determinación de la ganancia o pérdida, también revisaría el cumplimiento de los requisitos para la aplicación de TEDI, los cuales son aquellos propios de cada TEDI (v.gr., residencia fiscal, beneficiario efectivo, cláusulas de limitación de beneficios, etc.) así como aquellos consignados en el artículo 4 de la LISR.

CASO 3 – APLICACIÓN DE EXENCIÓN EN MÉXICO EN UNA ENAJENACIÓN DE ACCIONES CONFORME A UN TEDI

Retomando el artículo 283 del RLISR, este establece como condicionante que, para aplicar una exención en una enajenación de acciones en términos de lo dispuesto por un TEDI es necesaria la designación de un representante legal en México conforme al artículo 174 de la LISR.

Esto, aunado al hecho de que no ha quedado contundentemente clara la jerarquía de los tratados internacionales respecto a las leyes federales, considero difícil no observar lo dispuesto por dichos artículos, luego entonces debiendo observar los requisitos previstos por la ficha de trámite 160/ISR.

Bajo esta tesitura, cobra relevancia nuevamente la interrogante sobre cómo cumplir con ciertos requisitos tal como los papeles de trabajo referentes al cálculo del ISR a cargo, proporcionar un listado de bienes, así como realizar las pruebas de solvencia que solicita el apartado de "Información adicional".

En cuanto a los papeles de trabajo con los cálculos del ISR a cargo, considero que, por ser una operación exenta, en principio no habría necesidad de presentar dichos papeles de trabajo. Sin embargo, si se observa con detenimiento la redacción del penúltimo párrafo del artículo 161 de la LISR, así como el texto de los TEDI, como el que México tiene vigente con el Reino de los Países Bajos (en su protocolo), ambas disposiciones mencionan que las "ganancias" derivadas de la enajenación de acciones no serán sujetas a imposición en el estado fuente, es decir, México. En este sentido, podría interpretarse que podría proporcionarse el cálculo de la ganancia que estaría siendo sujeta a exención, esto en el entendido de que de entrada se habla de una ganancia, la cual parece que tendría que existir para luego aplicar la exención. Esto sin duda es una interpretación y, de igual manera, considero que existen argumentos para sostener que este requisito no es aplicable toda vez que menciona la determinación de un "ISR a cargo" y no así explícitamente también de la ganancia, aunque no hubiere ISR a cargo.

En cuanto al listado de bienes y pruebas de solvencia del representante legal, considero que igualmente son aplicables los comentarios compartidos como parte del análisis del Caso 1.

7. CONCLUSIONES

Después de lo expuesto, no cabe duda de que existen múltiples interrogantes alrededor del cumplimiento de los nuevos requisitos que tienen que solventar los representantes legales que sean designados por contribuyentes residentes en el extranjero, de tal forma que dicha designación resulte válida y sea reconocida para efectos de gozar de un tratamiento fiscal más justo donde se reconozcan deducciones, tributando entonces bajo una ganancia o bien, para reconocer la aplicación de un beneficio otorgado por un TEDI, ya sea una tasa reducida o una exención.

Tanto la Reforma Fiscal para 2022, como aquello derivado de ella como la modificación al artículo 174 de la LISR, la regla miscelánea 3.18.40 y la propia multicitada ficha de trámite 160/ISR, han venido a cambiar el panorama añadiendo una serie de requisitos para la designación de un representante legal en México, lo cual en mi experiencia en la práctica profesional ha venido a incomodar a clientes con inversión extranjera en México; cuestionándose si resulta factible seguir realizando transacciones con fuente de riqueza en México dado que acceder a una tributación más eficiente resulta bastante complejo considerando que, en prácticamente todo caso, se tiene que designar un representante legal en México. Luego entonces, la regulación de dicha figura tributaria hace que se complique la tributación de empresas extranjeras en México.

Dejando entonces la pregunta al aire sobre si esto tendrá un impacto significativo en las transacciones transfronterizas con fuente de riqueza en México de acuerdo con los riesgos que conllevaría asumir ciertas posturas en aras de cumplir con los requisitos previstos, o si se podrá llegar a un enfoque práctico donde se puedan cumplir los requisitos, pero considerando la diversidad de variables que surgen en cada operación. Una tarea que se pide con urgencia sea atendida por las autoridades fiscales de manera que se puedan llevar a cabo las transacciones sin ser supeditadas al cumplimiento fiscal, algo que parecería ser contradictorio con el principio de libre comercio.

En este sentido, a través del presente trabajo realizado, mi objetivo es haber proporcionado comentarios orientados a reflexionar sobre algunos de los requisitos y conceptos contenidos sobre todo en la ficha de trámite 160/ISR "Designación del representante de residente en el extranjero", de tal forma que los especialistas lectores de este trabajo puedan contar con herramientas para formar sus criterios de aplicación y, por supuesto, servir como un punto de referencia para abrir la puerta a más interpretaciones que puedan surgir.

8. BIBLIOGRAFÍA Y LEGISLACIÓN CONSULTADA

- Universidad Nacional Autónoma de México. *Diccionario Jurídico Mexicano.* Instituto de Investigaciones Jurídicas, 1982, primera edición. Tomo VIII.
- Ley del Impuesto Sobre la Renta vigente
- Reglamento del Impuesto Sobre la Renta vigente
- Código Fiscal de la Federación vigente
- Resolución Miscelánea Fiscal para el ejercicio fiscal de 2023 Vigente a la fecha de elaboración de esta obra.
- Anexo 1-A de la Resolución Miscelánea Fiscal para el ejercicio de 2023Vigente a la fecha de elaboración de esta obra.